PROLOGUE

スマホでスケジュールを管理するようになってから
紙のカレンダーになにかを記録することが少なくなりました。
スピーディーなオンラインが当たり前になってくると
自分の一日をしっかり見つめることからも遠ざかり、
いつも息を切らして走っているのに
一年を振り返ってみると、
たいした成果もないように感じますよね。

一日の始めと終わりに
ちょこっと息を整えられるように。

大切な日々が
意味をもって記憶されることを願って
この本をつくりました。

あなたの今日がいい日でありますように。

心の天気カレンダー
200%活用法

STEP 1

今日の気分を天気にたとえるなら？
アイコンにチェックしながら
パラパラめくってみると
最近の自分の調子がわかります。

晴れ　　くもり　　雨　　乾燥　　ぽかぽか　さわやか　ひんやり

- -

STEP 2

今日という一日をこのまま終えるのがもったいなければ
自分自身を振り返る時間をもってみてはどうでしょう？
カレンダーの下に心を見つめ直すきっかけとなる
短い質問を書いておきました。

夏休みの宿題のように、毎日毎日記録する必要はありません。
気負わず、自分の好きなように活用してください。

今日の心の天気

気持ちをやさしく整える366日の言葉

ダンシングスネイル 著

生田美保 訳

CCCメディアハウス

January

1

未練はさっさと捨てて、
もう一度始めてみようか？

「始まり」と聞いて、なにか思い出すことはありますか？

January

2

大きな山を
いっぺんに動かせないのと同じで、
小さなことからひとつひとつ始める。

冷静さが必要なときに
心を落ち着かせる自分ならではの方法がありますか？

心の天気　☀️ ☁️ 🌧 🌂 ⛅ 🌱 🍃

January

3

寒い日はさらさらと過ぎ去り
幸せがやってくるよ。

一ヶ月間、自由に過ごせることになったら、
最初になにをしたいですか？

DAY 3

January

4

見つめているだけで
心まであたたかくなる瞬間。

元気を出したい日に思い出すものがありますか？

January

5

よく眠れた？ きみもお水どう？

眠気をぱっと吹き飛ばす自分ならではの方法がありますか？

January

6

もっと広いところへ行けるように。

寝る前に、今日うれしかったことを思い出してみてはどうでしょう？

January

7

家の中のちょっとしたモノを
変えてみるだけで
新鮮な気分になる。

部屋の中に、思い出のつまったモノがありますか？

January

8

心の中がごちゃごちゃしているときは
机の整理がいちばん。

今日一日を振り返って、「あ〜あ」と思うことはなんですか？

心の天気 ☀ ☁ ☔ 🌱 ⛅ 🌱 🌬

January

9

しんとした時間の上に
雪が降り積もる季節。

季節を丸ごと楽しむ自分ならではの方法がありますか？

January
10

ときには、地道にこつこつ
耐える時間も必要。

最近もっとも時間をつぎ込んでいるのはどんなことですか？

心の天気

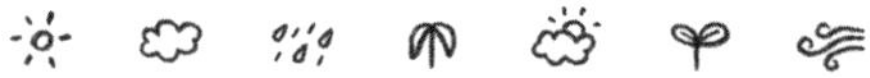

January

11

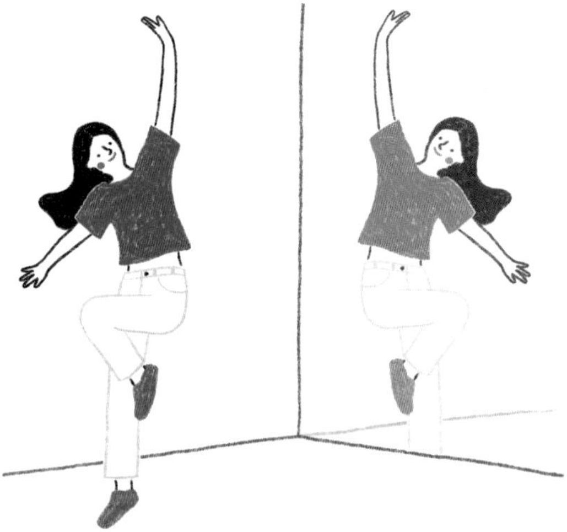

難しそうなことほど、
一歩ずつステップを踏んでいけば
いつのまにか目標に
到達していることでしょう。

一年後に達成したい目標はなんですか？

January

12

つらかった記憶は
もう飛ばしちゃえ。

ふとイヤな記憶がよみがえったとき、抜け出すコツはありますか？

January

13

こまめに本当の自分の姿と
向き合うこと。

鏡の中の自分は、今どんな表情をしていますか？

January

14

あたたかい心をもった
オトナになりたい。

雪の日にはどんな気分になりますか？

January

15

下手だけど、ちょっとずつ
挑戦してみることにした。

なかなかトライできないでいる趣味がありますか？
始めるには、どんなきっかけが必要ですか？

January

16

新芽が仲良くふくらんで
春を迎える準備中。

どんなときに、新年になったことを実感しますか？

January

17

足踏み状態の
ような気がして
ふと振り返ってみると
少しずつだけど
進んでいる。

過去の自分より成長したと感じるときがありますか？

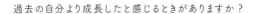

January

18

考えすぎてしまうときは
とりあえず、なんでもいいから
やってみる。

やるべきことが多いときほど、いったん休んでみては？

January

19

1、2、3、4……
自分のテンポで。

寒い季節は体が縮こまってしまいますね。
軽めに 30 分くらい散歩してみてはどうでしょう？

January

20

今日も一日頑張ろう！

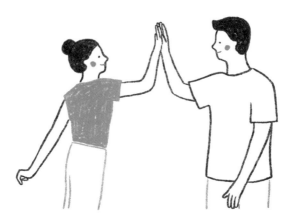

身近な人に一言、応援のメッセージを送ってみましょうか？

January

21

不安なんて一瞬の
感情にすぎない。
さあ、翼を広げて
飛び立つ時間だよ！

次のステップに進むために
不安な気持ちを一度受け入れてみては？

January

22

ベストを尽くす。
ただし、一分一秒に追われないこと。

心のバランスを保つために習慣にしていることがありますか？

January

23

飛ぶように過ぎていく一日を
つなぎとめておけるならば。

時間が止まってほしいと思った瞬間がありますか？

24

一日を整理する
自分だけの時間を忘れないこと。

ただ過去にしてしまうのがもったいない瞬間を
記録しておいてはどうでしょう？

January

25

一回くらいは
別の角度から
見てみることも必要。

環境を変えて気持ちをリフレッシュしてみては？

January

26

あたりを照らす人になりたい。

最近交わした話のうち、心に残っているものがありますか？

January

27

計画を立てておくだけで
もうワクワクしてくる。

今度の週末が待ち遠しくなるような
計画を立ててみてはどうでしょう？

January

28

幸せになる小さな習慣。
毎日のルーティンがもたらす
安定感に乗っかること。

今日は10分だけ時間をつくって温かいお茶を飲んでみましょうか？

January

29

たまには疲れちゃう日もあるよね。
自分を責めすぎないって約束して。

最近、誰かに言ってほしい言葉がありますか？

January

30

仕事と休息のバランスを
失わないこと。

今日、一番リラックスできたのはいつですか？

January

31

ものすごいことじゃなくてもいい。
小さな達成感を
積み上げていくだけで十分。

今月の小さな成果にはどんなものがありましたか？

February

1

厳しい寒さにも負けない気持ちで。

月のはじめに、新たに決心したことはありますか？

February

2

毎日少しずつ
それなりにかたちになってきている。

冬ならではの趣味はありますか？

February

3

毎日転んでも、できると信じて
また立ち上がるなら
幸運はあなたの味方。

これまでの人生で一番ねばり強く頑張ったことはなんですか？

February

4

あれこれ悩む日もある。

一輪の花で家の雰囲気が変わります。
今日は花屋さんに寄ってみてはどうでしょう？

February

5

まずは、基本的な日常生活を
大切にすることから始めよう。

熟睡の魔法。いつもより早めにベッドに入ってみてはどうでしょう？

February

6

心も定期的な大掃除が必要。

体を動かすと、いい気分転換になりますよね。
忙しくても、ちょっと時間をつくって掃除をしてみませんか？

February

7

心の中のシミも消えますように。

心をすっきり爽快にする自分ならではの方法はありますか？

February

8

避けられないことだってあるんだし。
雨に降られる日も必要なのだ。

避けられない状況になったときに、どうするタイプですか？

February

9

ほんのちょっとのきっかけさえあれば
すっと始められる。

先延ばしにしていることがあるなら
勇気を出して始めてみてはどうでしょう?

February

10

欲を出さずに、
できる分だけ。

体が気持ちについてこなくて、もどかしかったことがありますか？

February

11

遠くを見ることができてこそ
近くも見えるというもの。

非日常的な空間で新しいアイデアが浮かんだことはありますか？

February

12

人生は
短距離レースではない。

「もうちょっとやってみればよかった」と後悔したことはありますか？

February
13

それぞれのゴールがある。

短期的な目標も、長期的な目標も、どちらも大事。
今週の目標を決めてみてはどうでしょう？

February
14

大丈夫、
最初から上手な人なんて
いないから。

これまでの人生でもっともやりがいを感じた瞬間はいつですか？

February

15

一番重要なのは
自分を愛すること。

自分を愛するのに大げさな方法はいりません。
すぐにできる愛し方をひとつ考えてみては？

February

16

くじけそうな日は
自分自身のファンになって、
信じて応援してあげること！

自分のどんなところが一番好きですか？

February

17

もつれあった悩みが
するする解決する日もある。

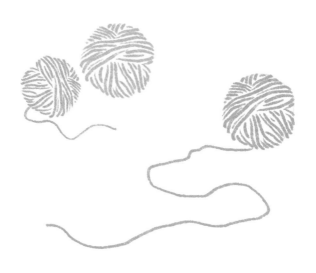

最近、どんな悩みがありますか？
解決するには、まずなにをすべきでしょう？

February

18

小さな 1 ピースが
答えをくれる瞬間がある。

小さな変化が活力になるんですって。
普段着ない服を引っぱりだして、着てみてはどうでしょう?

February
19

なにも考えずに
ゆらゆら揺れる時間も必要。

ひとりのときに、主にどんなことをして過ごしますか？

February

20

感情のスイッチ OFF。

最近感じたネガティブな感情はなんですか？
抜け出すにはなにが必要ですか？

February

21

一行の文章で
心がホカホカになる日がある。

最近読んだ本の中で一番よかった文章はどんなものですか？

February

22

こっそり、ひっそり
あなたの話を聞かせてくれる？

夜空に向かって、語りつくせなかった思いを
打ち明けたことがありますか？

February

23

心がそわそわして
落ち着かないときは
早めに寝ること。

寝る前に、布団と枕に好きな香水をかけてみてはどうでしょう？

February

24

とがりすぎても
やわらかすぎてもダメ。

今日は自分に小さなプレゼントをしてみては？

February

25

酸っぱい瞬間も、甘い瞬間も
ともにするのが人生。

最近、とろけるような気持ちになったのはいつですか？

February

26

そばにいる人たちに
優しい一言をかけてみる。

今日交わした会話の中で、心にぐっときた言葉はなんですか？

February

27

見て、聞いて、読んだ分だけ
自分の世界が広がる。

人生の一冊を選ぶなら、どれですか？

February

28

なんだってタイミングが一番大事。
ほどよく待って、
ほどよく切り上げることが必要。

つらいことがあったときに思い浮かぶ顔がありますか？

February

29

誰かになる必要はない。
ただ、ありのままに。

今日の自分をもっとも自分らしくしているポイントはなんですか？

March

1

すり減らないように、
心の声に鈍感にならないように。
小さな休みがつねに必要。

毎日が同じことの繰り返しなら
昼休みに小さな旅に出てみてはどうでしょう？

March

2

心地よいそよ風と
暖かい春の日差しだけでも
十分な日。

今日は、「なにもしない30分」を過ごしてみてはどうでしょう?

March

3

春はいつのまにかやってきて。

「春」と聞いて、まず思い浮かぶものはなんですか？

March

4

ラッキーな一日が
始まりそうな予感。

自分だけのラッキーアイテムがありますか？

March

5

いっぺんぐーんと
背伸びして
自分の小さな
世界の外へ。

けだるい昼休み、座ったままストレッチしてみてはどうでしょう？

March

6

停滞しているようでも、
振り返ってみると
しっかり流れている
毎日。

同じ場所をぐるぐるしているように感じるときは
昨日よりちょっとよくなった点を探してみては？

心の天気　☀️　☁️　🌧️　🌱　☁️　🌱　🌬️

焦らずに、
ひとつひとつ。

最近、なにかはじめてしたことがありますか？
どんな気分でしたか？

March

8

次から次へと
考えが止まらなくなる日もある。

今日はゆったりした気持ちで
空をじっと見つめる時間をもってみてはどうでしょう？

March

9

大丈夫、
ごちゃごちゃの日だってあるのだ。

一日だけ人生を変えられるなら、
どんな人として生きてみたいですか？

March
10

それぞれ違うお互いの姿を
ありのままに見てあげられるなら。

今日は観察者の視線で
いつもの景色に新しいところを探してみてはどうでしょう？

March

11

目を閉じて
ずっとそこにいたい場所を
想像してみて。

最近、一番旅行したいところはどこですか？

March

12

思いがけない連絡に
心がふかふかになることも。

たまには、愛する人たちと
特に用件のない、他愛のない会話をしてみてはどうでしょう？

March

13

指のあいだをすり抜けて
消えてしまう前に
春の日の余裕をつかまえておく。

自分を一番自分らしくしてくれる空間がありますか？

March

14

見つけた！
今日の「カワイイ」。

退屈な日常に元気をくれる「カワイイ」は
意外と身近なところにあるのでは？

March

15

私たちは
お互いを満たしあう存在。

一日の中で、一番長くそばに置いているモノはなんですか？

March

16

たまたま入ったカフェが
雰囲気サイコーだったとき。

偶然足を運んだ場所で新しい風景に出会ったことがありますか？

March
17

せわしなく流れていく一日。

集中力をアップさせる自分ならではの方法がありますか？

March
18

けだるい午後をリセットする一口。

今日一日を味で表現するなら、どんな味でしたか？

March

19

ときには、なんにもしない自由を
自分にプレゼント。

___

家で一番リラックスできる場所はどこですか？

___

March
20

好きなものを毎日目にできるなら
それだけ小さな幸せがたまっていく。

最近、なにをしているときに一番安らぎを感じますか？

March
21

あたたかい春のような会話で
心満たされる
優しさいっぱいの一日。

特になにも話さなくても心が通じる人がいますか？

March

22

小さくてカワイイものを見ると
気分がよくなる魔法！

見ているだけで気分がアップするものがありますか？

March

23

目を閉じて、
花びらが降り注ぐ季節の香りを
感じてみる。

この春、桜を見にいく計画はもう立てましたか？

March

24

厳しい季節を乗り越え
緑が芽吹くように
少しずつ成長する心。

育ててみたい植物がありますか？　気に入った理由はなんですか？

March

25

力強く伸びた
小さな生命に
体をあずけて
希望がむくむく。

今日は近所を散歩して春の風景を思い出に残してみましょうか？

March

26

ときどき宇宙のチリのように
感じる日があったとしても
自分の宇宙の中心は
つねに自分だと覚えておく。

聞いて心が軽くなった言葉がありますか？
どんなところが沁みましたか？

March

27

ほかでもない自分に
ちょうどいい温度を見つける。

新しい場所に行くのが好きですか？　どんな雰囲気の場所ですか？

March

28

好きなものでいっぱいにした
サラダボウルみたいに
毎日新鮮な一日を過ごす。

料理をよくつくりますか？　どんな料理が一番好きですか？

March

29

ヘトヘトに疲れた日でも
美しい一瞬を
見つけ出せますように。

自分らしい姿が一番よく出るのはどんな瞬間だと思いますか？

March
30

心に保存しておきたい
一日がまた増える。

一日で一番気に入ったシーンを写真に残してみてはどうでしょう?

March
31

残った時間を充実させる。

一日を気持ちよく終えるためになにかすることがありますか？

April

1

不可能に思えたことも、
終わってみれば、ちゃんとできたし、
やってよかったと思う。

最近言われた一番うれしいほめ言葉はなんですか？

April

2

春の始まりと終わりは
どのあたりだろう。

季節の変化をもっとも感じるのはいつですか？

心の天気

April

3

春を迎えに顔を出した子たちと
ばったり出会う散歩道。

人生において春だと感じた時期はいつですか？

April

4

路地裏に隠れた
小さな存在を発見する
大切な一日。

今日の帰り道には
春にしか見られない風景を探してみてはどうでしょう？

April

5

心の菜園を
たがやす準備をする時間。

最近、一番大笑いしたのはいつですか？

April

6

あんまり
心配しないで。
足の赴くままに
歩いていったら
また新しい道が
現れるから。

今年になって一番大きく変わった点があるとしたら、なんですか？

April

7

フツーとドキドキ。
そのあいだのどこかの日々。

自分の言葉を一番たくさん聞いているのは自分です。
最近どんな言葉をよく使いますか？

April

8

長く大事にするために
たまには切り取ることも必要。

今日が終わる前に
きれいさっぱり忘れてしまいたいことがありますか？

April

9

どんな場所にたどりつくかな、
どんなことが起こるかな。
一日の始まりはワクワクする想いで。

今日はまっすぐ家に帰らないでどこかに寄ってみてはどうでしょう？

April

10

似たような毎日が
続いているようでいて
そのあいだに、忘れられない
経験をしたりする。

日常が多彩になるように、たまにはいつもと違う選択をしてみては？

April

11

好きなものだけ
たっぷりつめこんだ味。

自分の嗜好について、どれだけちゃんと知っていますか？

April

12

せっせと
自分を思いやる時間。

心と体の健康のために続けている習慣がありますか？

April

13

どんなかたちに仕上がるにせよ
自分ならではの方向に。

なんだってやっているうちに上達するもの。
自分でも気づかないうちに進歩していた経験がありますか？

April
14

きみが幸せなら
私もうれしい。

今日、一番幸せを感じた瞬間はいつですか？

April

15

小さな存在が集まって
大きなひとつになる。

今日一日、どんなことでもいいから、
誰かの役に立つことをしてみてはどうでしょう？

April

16

花の咲く季節にだけ出会える
風景がある。

自分が好きな花の花言葉を調べてみましょうか？

April

17

風に乗って流れていっても
いいんじゃないかな？

最近したことの中で一番勇敢だったことはなんですか？

April
18

過ぎ去るのを待っているあいだにも
心はまたふくれあがる。

最近、新しく出会った人がいますか？
どんなところが印象に残っていますか？

April

19

童話みたいな一日が
やってくるかもしれない。

童話の主人公になれるとしたらどんな人物になりたいですか？

April

20

春まっさかり。
この季節の中をぶらぶらしたい。

斬新なアイデアが必要なときに行く場所がありますか？

April

21

私はどこにだって
行ける人。

心がどうにもすっきりしないときに、
気持ちを切り替えるための方法がありますか？

April

22

春の風は
心が空に届くくらい
私をときめかせる。

週末にどんなことをするとハッピーになりますか？

April

23

期待と不安が入り混じる
ふわふわした春の出会い。

最近、もっともドキドキしたことはなんですか？

April

24

もっと大きくなぁ〜れ。

夢は大きいほどいいんですって。
たまには、あてもない想像でもしてみましょうか？

April

25

最後の一切れまで
完ぺきな一日。

最後の一切れを喜んで分けあいたい人がいますか？

April

26

心の奥深くにひそんでいる単語を
書き出してみる。

今日という日を一言で表現するとしたら
どんな単語が思い浮かびますか？

April

27

サクサク。
朝をスタートする音。

朝ごはんは食べますか？
今日は簡単にでもなにか食べてみてはどうですか？

April

28

言いたいことを
自分の中にだけ
置いといたら
ダメなんだって。

最近、腹が立ったことがありますか？
その感情をどうやって解消しましたか？

April

29

言葉じゃなくたって
伝える方法はある。

誰かに謝りたいとき、どうやって気持ちを伝えたらいいでしょう？

April

30

ひとつ、ふたつ、みっつ。
星を数える春の夜。

じっと耳を澄まして夜の散歩をしてみるのはどうでしょう？

May

1

忙しさに埋もれて暮らす中
ふと立ち止まって思い出す日がある。

子どもの頃に家族と撮った写真を取り出すと
どんな気分になりますか？

May

2

空を見上げると
懐かしい顔を思い出す日。

今日の雲はどんなかたちでしたか？
ほんの一瞬でも、空を見上げてみてはどうでしょう？

May

3

ためらわずに
「会いたい」と言うこと。

家族に伝えられずにいる言葉がありますか？
今日はメッセージを送ってみてはどうでしょう？

May

4

私の人生の
最大の支えであるあなた。

最近、どんな悩みがありますか？
かけてほしいなぐさめの言葉がありますか？

May

5

ミスしても大丈夫という
あなたの言葉に勇気を得て。

別に意味のない言葉が心に刺さったことがありますか？

May

6

なんの心配もなく
あったかかった時間。

一日だけ過去に戻れるとしたら、いつに戻りたいですか？

May

7

この姿のままで
ずっとそばにいてくれたら。

まわりに、ああなりたいなと思う人がいますか？

May

8

幸運がもれださないように
ぎゅっとつめこんでおく。

これまでの人生で幸運が舞い込んできたことがありましたか？

May

9

大したことない一日でも
きみがいるから十分に満たされる。

旅行になにか 3 つだけ持っていけるとしたら
なにを持っていきたいですか？

May

10

お互いに寄り添いあえる
存在がいるということ。

誰かがそばにいて心強かった記憶はありますか？

May

11

ピクニックは、いつだって愛。

季節を満喫できるピクニック。一番最後に行ったのはいつですか？

May

12

子どもの頃に
戻りたい日がある。

子どもの頃の自分に聞かせてあげたい言葉がありますか？

May

13

闇を照らす
灯りがともると
ふと考え込んで
しまう。

眠りにつく前にどんなことをよく考えますか？

心の天気

May

14

ちょっと呼吸を整えて。

心も体も柔軟に。今日は寝る前に体を動かしてみてはどうでしょう？

May

15

伝えられない思いが積もっていく。

最近、手紙を書いたことがありますか？
書いているとき、どんな気持ちでしたか？

心の天気

May

16

めきめき成長する日々。

仕事や人間関係において
自分が成長したなと感じた瞬間がありますか？

May

17

幼い頃のあの味が忘れられなくて。

子どもの頃に好きだった食べ物がありますか？
今日はその味を感じてみましょうか？

May

18

ちょろちょろと
後をついて
まわっていた頃もあったね。

家族や友人と子どもの頃によく行った場所がありますか？

May
19

世の中に出ていく準備を
ひとつずつ。

なんにだって「はじめて」があります。
人生ではじめての成功の瞬間を覚えていますか？

May

20

一緒に過ごした分だけ
お互いのことがわかっていく。

一番古い友だちは誰ですか？
ともに過ごした思い出を振り返ってみては？

心の天気 ☀ ☁ ☔ 🌴 ⛅ 🌱 🌊

May

21

一緒に呼吸を合わせていけばいい。

特に息の合う人がいますか？　どういう面が好きですか？

May

22

お互いの気持ちを
理解してあげるだけで十分。

ストレスの多い日、自分ならではの対処法がありますか？

May

23

新しい靴が足に
なじんでいくみたいに。

時間が経つほど最初よりよくなったものはありますか？

May

24

ひいひい言いながらも
ずんずん進んでいった
瞬間があった。

最後まで諦めないなら、それだけで意味があるのでは？

May

25

時はまたたく間に流れ、
ふと、昔を思い出す。

自分の人生でもっとも平和だったのはいつですか？

May
26

あっという間に
こんなに
大きくなっちゃって。

幼い頃の自分と今の自分、どのくらい変わりましたか？

May

27

小さくなった靴下、
大きくなった心。
もっとゆっくり育ってくれたら。

持っている服の中で一番古いものはどれですか？

May

28

今はもう、ひとりで
外に出ていけるようになった。

どんなときに「オトナ」になったと感じますか？

May

29

もっと高く、もっと遠くに
飛んでごらん。

今までで一番遠くに行ったのはどこですか？　どんな気分でしたか？

May

30

ちょっと離れるように見えて
結局は戻ってくる私たち。

自分と切っても切れないものがありますか？
どんな意味がありますか？

May

31

一緒だから、より完ぺきな風景。

一緒にいて楽な人を思い浮かべてみましょうか？

June

1

後悔がこみあげる日には
いっそのこと、明日のランチの
メニューでも考えよう。

毎日食べても飽きなそうな食べ物がありますか？

June

2

まだ、なにになるかは
わからないけど。

来年の今頃、なにをしているか想像してみましょうか？

June

3

いつ、どこにだって
旅立てるという気持ちで。
一日を旅行のように生きてみる。

与えられた時間はきっかり一日。どこに行きたいですか？

June

4

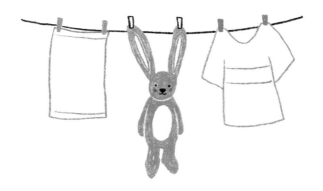

感情を確認するだけでも
心は軽くなる。

天気で表現するなら、今日はどんな一日でしたか？

June

5

早起きしてみるのも
この季節を楽しむひとつの方法。

たまに早起きして、散歩をしてから日課をスタートしてはどうですか？

June

6

ともに満たしていく
すべての時間が大切で愛おしい。

好きな動物がいますか？

June

7

内なる言葉に耳を澄ませば。

今日一日のうちもっとも静寂を感じたのはいつですか？

June

8

ときどき、
底なしに沈んでしまう日も
あるけれど。

なにもしたくない日もありますよね。
いつも活動的じゃなくてもいいのでは？

June

9

自分の心を自分で
なぐさめてあげられるくらい、
ちょうどそのくらいだけ、
成長したことを感じる。

今日、自分にぜひ聞かせてあげたい言葉はなんですか？

June

10

一緒なら、
シナジーを生むこともできるよ。

日常の重みをひとりで背負いこまないで。
たまには、周囲に気軽に助けを求めてみてはどうでしょう？

June

11

夏になりきる前の
歩くのにちょうどいい季節。

「初夏」というと、どんなイメージが思い浮かびますか？

June

12

傷ついた心を癒してくれる、
ほんわかした香り。

つらい日に食べたくなる自分だけのソウルフードがありますか？

June

13

手を伸ばせば触れられそうな。

最近、本気で取り組んでいるものがありますか？
どんな理由からですか？

June

14

今日という私の一日の
主人公は私だから。

自分は永遠に自分の味方。
自分の長所を 3 つ思い浮かべてみましょうか？

June

15

眠れなくて何度もお腹がすくのは
心が空っぽだからかな。

眠れない夜。すっと寝つくための自分ならではの方法がありますか？

June

16

草を踏む音から
生い茂る緑を感じよう。

今日は公園や森の中を歩いて
自然の音を感じてみてはどうでしょう？

June

17

自分の言葉と行動は
必ず返ってくるから
健全なコミュニケーションを
心がける。

最近、後悔した言葉がありますか？
どうしたら、その言葉とさよならすることができますか？

June

18

風雨にもびくともしない石のように
図太くなりたい日。

まわりに心が強い人がいますか？
その人のどんなところが好きですか？

June

19

疲れたときに
いつでも取り出せるように
楽しい瞬間を集めておく。

最近撮った写真のうち一番気に入っているものはどれですか？

June

20

自分でもどうしてこうなのか
わからないとき。
感情に名札をつけてみる。

今日、一番たくさん感じた感情はなんだったか思い出してみますか？

June

21

ポジティブ回路のスイッチ ON！

突然感情がこみあげてきたときは
ちょっと深呼吸して、心を落ち着かせてみては？

June

22

どんなかたちにもなれる
パン生地みたいに柔軟に。

今日、なにかひとつ、
自分だけのためのことをしてみてはどうでしょう？

June

23

なににだってなれるのが
未完成の魅力だよね。

正解が全部わかっていたら面白くないじゃないですか。
たまには、未知の世界に足を踏み入れてみてはどうでしょう？

June

24

毎日ムダなことを
しているように思えても
結局はよくなっていくのが人生。

つらかった記憶を消化する自分ならではの方法がありますか？

June

25

人生には
二択思考じゃ収まらない
瞬間がある。

岐路に立って悩んでいるときに役に立った言葉がありますか？

June

26

今は、どの姿も全部自分だ
ということを知っている。

誰かから、自分でも知らなかった自分の姿について
聞いたことがありますか？

心の天気

June

27

お互いを完全に信じるということ。

自分を最後まで信じてくれそうなのは誰か考えてみますか？

June

28

毎日通る道がくれる安定感。

今日の帰り道にはなにを見たか思い出してみましょうか？

June

29

終止符がつくというのは、
また始められるということ。

やりたくないけど、どうしてもやらなくてはいけないことがありますか？

June

30

今日も十分によく生きた。
自分への拍手をケチらないこと。

今年の上半期、一番頑張ったことはなんですか？
それがなんであれ、惜しみなく自分をほめてください。

July

1

最低限の荷物だけまとめて、
ふらりと出かけてみる。

今度の週末は、旅行とまではいかなくても
ちょっと遠くに出かけてみてはどうですか？

July

2

心のごちゃごちゃも一緒に
洗い流されていきますように。

洗顔やシャワーをするときの自分だけのルーティンはありますか？

July

3

今日の幸運を
お届け!

四つ葉のクローバーを見つけたり探したことがありますか？

July

4

いっぺん大きく
息を吐いてみて。

イライラしたり不安なときは、
ふうーっと大きく息を吐き出してみてはどうでしょう？

July

5

立ち止まって、
呼吸を整える時間も必要。

仕事をするときに、「これだけは絶対にムリ」という
限界ラインはありますか？

July

6

こないだの旅行は
どうだった？

一番記憶に残っている旅行はいつですか？

July

7

たまには
わざと雨にあたってみるのもいい。

わざと傘をささずに雨にあたったことがありますか？
どんな気分でしたか？

July

8

始める勇気さえあれば
まだ遅くない。

今日は公園や道ばたをのぞきこんで
小さな存在を探してみてはどうでしょう？

July

9

少し道に迷っても大丈夫。

思いどおりにいかないときだってありますよ。
そんなときは、ちょっとゆっくりまわり道をしてみてはどうでしょう？

July

10

「ピカッ」の一瞬で
悩みが吹き飛んで
しまうことも。

ひとりで解決できそうになかった悩みが
瞬時に消えてしまったことがありますか？

July

11

もうすぐ晴れて、
美しい景色が広がるよ。

はじめて虹を見たときのことを覚えていますか？

July

12

それぞれに美しい時間がある。

実を結ぶまでの待ち時間は人それぞれ。もう少し待ってみては？

July

13

行きつく先がどこであれ、
絶対に楽しいはず。

散歩が好きですか？　一番長い距離を歩いた道はどこですか？

July

14

今年ももうこんなに走ってきた。

一年の半分が過ぎた今、
残りの半分でやってみたいことはなんですか？

July

15

今この瞬間を
しっかりと感じとる。

先のことを心配しすぎて今の幸せを後まわしにしていませんか？

July

16

熟す季節がきっとやって来る。

果物には季節の味があります。旬の果物を食べてみませんか？

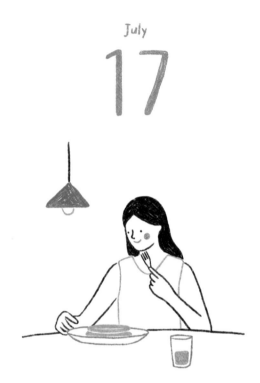

July

17

ストレス解消には
あま〜いスイーツがいちばん。

ストレス解消のために食べるものがありますか？

July

18

穏やかに心が
静まる日もある。

慣れない状況で緊張がこみあげるときは
なにをしたらいいでしょうか？

July

19

正解はつねに自分の中にあるから。

すでに心の中で結論が出ているのに
ほかの人に答えを求めたことがありますか？

July

20

いいことも、悪いことも、
訪れては去っていくのが人生。

どんな瞬間も永遠には続かないと覚えておけば
謙虚な気持ちで生きていけますよね？

July

21

発想の転換が必要な日。

たまには、いつもと違ったやり方で
問題を解いてみてはどうでしょう？

July

22

さわやかな、フルーティな一日。

特別な日を思い出させる香りがありますか？

July

23

子どもみたいな単純さが
必要な日もある。

経験を積むほど、不安が増えたりもします。
簡単なことを難しく考えすぎていませんか？

July

24

この季節の清涼感に
どっぷりひたろう。

「夏」といえばどんな色が思い浮かびますか？

July

25

仕事も人間関係も
結ぶこと・断つことが重要！

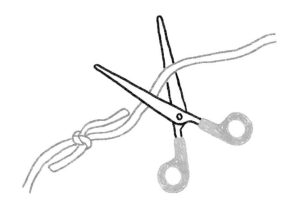

合わない人と仲良くしようと頑張りすぎたことはありませんか？

July

26

夏の夜、一杯のビールの爽快感。

今日は、一杯のビールで一日を締めくくってみては？

July

27

すべては
どう見るかによって変わってくる。

第一印象が大事だと思いますか？
第一印象とまったく違っていた人がいますか？

July

28

解けない問題を解くカギは
もう持っているかも。

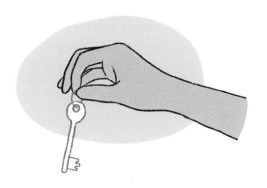

今年のうちにぜひ身につけたい習慣はなんですか？

July

29

焦るときほど、遠くを見て
心のゆとりを取り戻そう。

なにもしないで過ごした日はいつですか？

July

30

未来の自分にあてた
手紙を書いてみる。

10年後の自分に言ってあげたい言葉がありますか？

July

31

私の心が届くまで。

どんなコミュニケーション方法が一番楽ですか？

August

1

思えば
小さな幸せはいつだって
そばにある。

「幸せ」という言葉がもっとも似合うのはどんなシーンですか？

August

2

それなりにいい一日。

自分が誰かを笑顔にした記憶を思い出してみましょうか？

心の天気 ☀ ☁ ☂ 🌴 ⛅ 🌱 🌊

August

3

絶えず押しよせる波のように
次から次へと考えにひたる日もある。

この夏、海に行ったら、波の音を録音してみてはどうでしょう?

August

4

行きたい場所を想像してみて。

夏休みはどこに行きたいですか？
もう行ってきたなら、どんなところでしたか？

August

5

旅は、出発前のほうが
ワクワクする。

旅行の支度をする過程で一番ワクワクするのはなんですか？

August

6

季節の上を
プカプカただようみたいに。

猛暑に疲れたときの自分ならではの充電方法がありますか？

心の天気

August

7

やったことのないことに
飛び込んでみよう。

人生で最高の冒険はどんなことでしたか？

August

8

先に到着することは重要じゃない。
自分のレーンをつき進もう。

自分の人生を貫く単語をひとつ選ぶなら、なんですか？

August

9

小さすぎて見えない幸せが集まって
幸せな人になる。

些細すぎて特に意識していなかったことが
大きな幸運となって返ってきたことがありますか？

August

10

熱く、光り輝く夏を
ありのままに感じてみる。

夏の風景を挙げるなら、どんなものが思い浮かびますか？

August

11

傘を持って出るのを忘れないで！

夏の豪雨、やむのを待ちますか？
それとも、はやく帰れる方法を探しますか？

August

12

あの頃は
雨の日が待ち遠しかった。

雨にまつわる子どもの頃のエピソードがありますか？

August

13

今日も一日
元気にスタートしよう。

朝、目が覚めて一番最初にすることはなんですか？

August

14

今この瞬間に集中することで
より鮮明になるもの。

今日のうちにぜひやりたいことをひとつ挙げるなら、なんですか？

August

15

自分がなにか
取りこぼしてはいないか
思い悩むこともある。

最近、なにか悔やまれる選択があるとしたら、なんですか？

August

16

水鉄砲ひとつで
あっという間に
一日が過ぎた夏があった。

夏にしかできない一番面白いことを挙げるとしたら、なんですか？

August

17

あの海の果てには
なにがあるのだろう？

この夏、心が落ち着くまで
水平線を見つめる時間をつくってみてはどうでしょう？

心の天気

August

18

アイスアメリカーノ
一杯の幸せ！

夏の日、気分をアップさせてくれるものはなんですか？

August

19

ひんやり、あま〜い、夏の味。

暑い日に思い浮かぶのは、どんな味ですか？

August

20

びっしょり汗をかいてしまえば、
むしろすっきり。

最近、言って一番すっきりした言葉はなんですか？

心の天気

August

21

夏のかけら。

この夏の思い出を 3 つ挙げるとしたら、どんなシーンですか？

August

22

いつ来るともわからない
幸せを待つより
目の前の小さなことから
楽しみを見つけよう。

ささやかでも、今日、自分を笑顔にしてくれたものがありますか？

August

23

海の音にじっと耳を澄ます時間。

サザエの貝殻を耳にあてて波の音を聞いたことがありますか？

August

24

小さなことでも
幸せと言える人。

使い道はないけど、ずっと大切にしているモノがありますか？

August

25

退屈な時期がやってきたら
ただ黙々と日常を送る以外にない。

友人が燃え尽き症候群になったら
かけてあげたい言葉がありますか？

August

26

一日のはじめにやるべきことは？

今日の自分をほめてあげたいことを
3つ挙げるとしたら、なんですか？

August

27

映画のワンシーンみたいに
ふらりと旅に出る。

どこかへ旅に出たくなる映画はありますか？

August

28

じっとのぞきこんでみれば
これまで気づかなかった
小さな幸せがある。

いつもそばにあったのに見落としていた幸せはありませんか？

August

29

波乗りみたいに、
今までうまく乗り越えてきたじゃない。

「人生最大の峠を越えた」ように感じた瞬間はありますか？

August

30

心のゆとりを
取り戻せる場所へ行こう。

疲れたときに行く自分だけのアジトがありますか？

August

31

砂粒みたいに散らばった幸せ。

子どもの頃の夢はなんでしたか？
今の自分とどんなところが似ていますか？

September

1

たっぷり眠って、
のそのそ起きてきて迎える
遅い朝が好き。

ゆったりした朝を迎えたとき、最初にどんなことをしたいですか？

September

2

大きな幸せに負けないくらい
小さなくつろぎがもたらす
喜びも重要。

最近の気分を「ステータスメッセージ」に表現するなら
どんな言葉になるでしょうか？

September

3

オトナだって
ときどき、人生のあま〜い蜜が必要。

人生がほろ苦いと感じるときに、力が出る言葉がありますか？

September

4

ため息は、
心が<u>重苦しい</u>からじゃなくて、
心を軽くするためにするんだよ。

空気のように普段意識しないけれど、なくてはならない
人生の「必須アイテム」がありますか？

September

5

叶うことは
結局、叶うように
できているのだと信じて。

最後に夜空の星を見たのはいつですか？

September

6

ほかの人ばかり意識していては、
自分がどれだけ
進んだのかわからない。

ほかの人と比べて、心が萎縮したことがありますか？

September

7

心にも保湿が必要！

頭の中がごちゃごちゃの日、
考えを整理するための自分ならではの方法がありますか？

September

8

季節の色がくれる
小さな喜び。

誰かが自分を肯定してくれた言葉のうち
一番記憶に残っているのはなんですか？

September

9

小さなプラスが積み重なって
大きな幸せを引き出す。

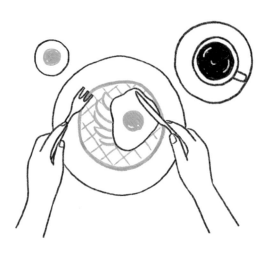

今度の週末は愛する人たちを家に招待してみてはどうでしょう？

September

10

バーンアウトは
ちょっと休みなさいという信号。

「これってバーンアウトかな」と思ったことがありますか？

September

11

上手にやらなきゃという考えに
とらわれずに
面白いところを探してみる。

上手じゃなきゃダメ

好きで始めたことがありますか？　今はどうですか？

September

12

幸せの基準はみんなそれぞれ違う。

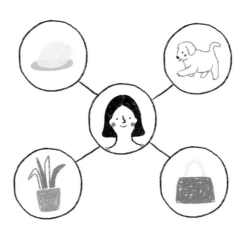

特に理由はないけど自分に幸せをくれるものを
思い浮かべてみましょうか？

September

13

好きな音で
自分の空間を満たす。

秋を思い出させる曲がありますか？

September

14

心と体の温度を上げる
自分だけの儀式をつくろう。

明日のために、寝る前に
自分を肯定する言葉をかけてあげるのはどうですか？

September

15

心に
ビタミン補給が必要なとき。

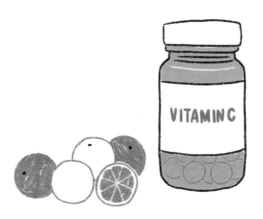

VITAMIN C

人生におけるビタミンのような存在を挙げるとしたら、なんですか？

September

16

長いあいだ大事にしていたものを
もう一度取り出してみたり。

子どもの頃、いつも大事にしていたものがありますか？

心の天気

September

17

同じ音楽を聴くことは
記憶を共有するひとつの方法。

誰かを思い出す音楽はありますか？

心の天気

September

18

気分が
落ち込んだときは
ささやかだけど確実な
変化が必要。

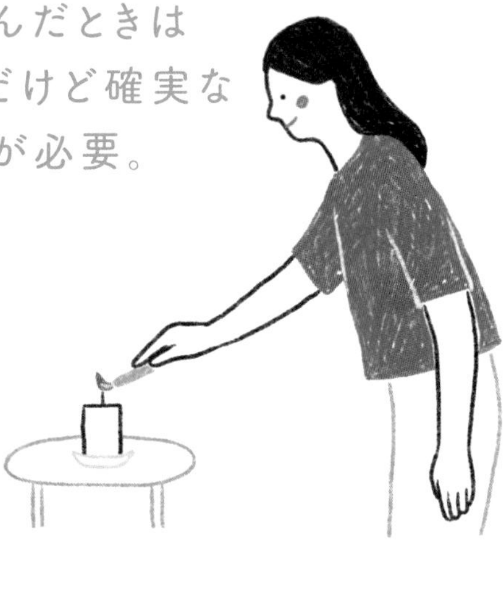

10分で気持ちを切り替えられる自分だけの方法がありますか？

September

19

毎日通る道も
旅行者気分で歩いてみたら
新しい喜びが見つかる。

遠く離れた旅先で偶然、知り合いに会ったことがありますか？

September

20

everything will be OKAY!

いつもなんとかなってきたように
結局はみんなうまくいく。

最後まで頑張れそうにないときに
「大丈夫だよ」と自分に言ってみてはどうでしょう？

September

21

そっと、心に刻む単語。

最近聞いた中で、一番あたたかくて優しい単語はなんですか？

September

22

気分がどん底の日は
それ以上こじらせないように
十分に休んであげよう。

心に特効薬の処方が必要なとき、誰に連絡しますか？

September

23

風に舞う落ち葉のように
今日も一日軽やかに。

「秋が来たな」と感じるのはどんなときですか？

September

24

季節を丸ごと味わう
この上なく大切な時間。

どんな季節が一番好きですか？

September

25

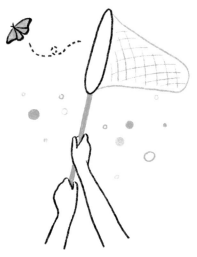

自分のそばにある
小さな、かわいい幸せを
採集してみる。

今日という日を後々まで記憶したいなら
どんな方法がよいでしょう？

September

26

暑い日を耐え抜いてこそ
熟すことができる。

人生を季節にたとえるなら、自分は今、どんな季節を通過中ですか？

September

27

楽しいときは一瞬で過ぎ去り、
それをずっと大事にしようと
努力するのが人生ではないかな。

最近、なにをしているときに
時間があっという間に過ぎると感じますか？

September

28

私の一日は
私がつくり出すものだから。

できそうもないことに不安を抱えながら挑戦したことがありますか？

September

29

きみとだらだら過ごした
この贅沢な時間を
ずっと記憶しておきたい。

今度の週末、テーマを決めて出かけてみては？

September

30

次の季節に
移る準備完了！

元気を出したい日に、どんな言葉を聞きたいですか？

October

1

雲ひとつない
秋の空のように。

自分のもっとも愛らしい点はどこか、考えてみましょうか？

心の天気

October

2

秋風に
心に残った悩みまで
飛んでいきそう。

「家」という単語を聞くと、どんな感じがしますか？

October

3

小さな風にも揺れ動きながら
そうやって私たちは成長する。

今日は、友だちから見習いたいところを探してみてはどうですか？

October

4

すべてが遅々として進まない日は
ただ流れに任せて。

明日の朝が楽しみになるような小さなしかけを
ひとつくってみてはどうでしょう？

October

5

正直に心を打ち明けられるなら
問題は意外とすぐに解決するかも。

最近、もっとも正直になったのはいつですか？

October

6

天気を言い訳に
恋しさを伝えてみる日。

今日の天気はどうでしたか？

October

7

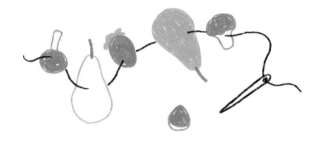

カレンダーをめくるように
散らばった時間を
ひとつひとつつなぎ合わせる。

なにかコレクションする趣味をもったことがありますか？

October

8

どんな結果になるかは
誰にもわからないから。
不用意な断定は禁物！

今一番期待していることはなんですか？

October

9

自分にだけ降りかかったように
思える困難も時間が経てば
成長の土台になる日がくる。

つらかったけど成長のきっかけになった経験がありますか？

October

10

たまたま始めたことが
きっかけになって
思いがけない幸運を
運んできてくれるかも。

※韓国では、「1+1」の表示がある商品は
　ひとつ買うと、おまけでもうひとつもらえる。

ひとつのことがきっかけになって
別のことにつながったことがありますか？

心の天気

October

11

薄っぺらい
日常のように思えても
すべて必要な
過程だから。

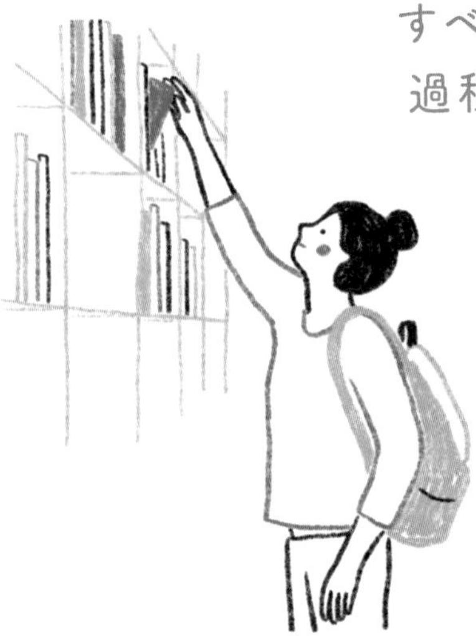

日常が虚しく感じられるときは
遠い未来の自分の姿を思い描いてみてはどうでしょう？

October

12

人生が次のフェーズに
移ったことに気づく瞬間は
不意にやってくる。

ふと、インスピレーションがわくことがありますか？

October
13

季節の色とかたちを
じっとのぞき込む。

秋の絵を描くとしたら、どんな情景を描きたいですか？

October
14

ふと、日が短くなったことに気づく。

夕暮れを見て、なにを思い出しますか？

October
15

大きいからよくて
小さいから残念なんてことはない。
みんなそれぞれの大きさで
実を結べばいい。

比較して、心が苦しくなったときは
スマホの電源を切って、散歩に出てみてはどうでしょう?

October

16

闇が濃いほど
はかない光が真価を発揮する。

「灯台もと暗し」という言葉を実感したことがありますか？

October

17

季節の変わり目の寒暖差みたいに
気分がアップダウンして
しまう日もある。

気分の浮き沈みにふりまわされそうな日は
大きな木を見に行ってみてはどうでしょう？

October

18

一気に登ろうとしないで、
呼吸を整え、
ゆっくり自分のテンポで。

世の中と自分のテンポが違うと感じることがありますか？

October

19

毎日まじめに繰り返すものを
体は記憶するから。

今日は、心と体にいいことをひとつだけしてみては？

October

20

毎日同じように見えるけど、
徐々に満ち欠けする月のように
私たちの日々も変化している。

今夜の月はどんなかたちですか？

October

21

夢のように
愉快でロマンチックな時間を
楽しんで。

記憶に残っている夢がありますか？
夢の中で自分はどんな姿でしたか？

October

22

自分が望んでいた
その姿ではないとしても。

なりたかった自分と今の自分は、どのくらい似ていますか？

October

23

これだけの時間を過ごしてきた
自分を肯定してあげる。

今年したことのうち、一番満足していることはなんですか？

October

24

よくすること、
よく行くところが
自分はなにが
好きな人間なのか
教えてくれる。

最近、もっともよく行くところはどこですか？

October

25

秋の山で
会えたらうれしいね。

秋が行ってしまう前に、近くの山に登ってみてはどうでしょう？

October

26

秋の夜空を
一番近くで感じる方法。

今どこにいますか？ いっぺん、ぐるりと見まわしてみましょうか？

October

27

いい日もあれば悪い日もある。
自分なりのやり方で穴埋めしながら
生きていくのだ。

小さな災難を拡大解釈してはいませんか？

October

28

寒さと暑さを
全身で耐え抜いたからこそ
実を結ぶことができる。

「秋の実り」といえるものを探してみてはどうでしょう？

October

29

過ぎた季節を記録してみたら、
残りの日々を
もっと充実させられそう。

手帳を書くのが好きですか？

October

30

そっと挟んでおいた紅葉を
偶然見つけて思い出す季節。

最近、偶然見つけてうれしかったモノやコトがありますか？

October

31

よ〜く見てみれば
幸せはいつだって
私たちのそばにある。

今日見つけた「キュン♡」はどんなものでしたか？

November

1

ぎゅっと目をつぶって
言いたいことを
伝えなきゃいけないときもある。

最近一番会いたい人は誰ですか？
会いたいとメッセージを送ってみてはどうでしょう？

November

2

毎回選択の岐路に立たされるのが
人生の面白さでもあるよね。

今の自分をつくったもっとも決定的な選択はなんでしたか？

November

3

オトナになるというのは
苦みと香ばしさが
共存するということ。

コーヒーをはじめて口にした日を覚えていますか？
どんな感じでしたか？

November

4

一口かじると、
思い出がわきおこる味。

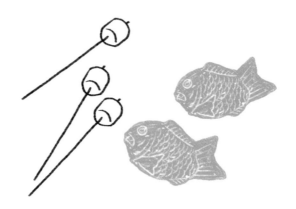

冬を思い出させる味がありますか？

November

5

いい思い出は
ずっと大事にしたいから。

自分だけの思い出保管スペースを持っていますか？

November

6

私の心はそこで止まったままなのに
季節は待ってくれない。

最近、焦りを感じたことがありますか？

November

7

うまくいっているのに、
ふと、このままでいいのかなと
思う日がある。

最後にバスや電車を乗り過ごしたのはいつですか？

November

8

ありのままに
お互いを理解できるなら。

本音がバレてしまったような経験がありますか？

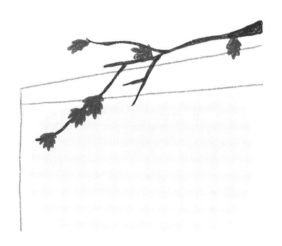

November

9

心を表現する語彙が足りない日。

今、自分の心を表現できる単語をひとつ挙げるなら、なんですか？

November

10

心にずっと残しておきたい
シーンがある。

今年、一番美しかったシーンはどれですか？

November

11

ちょっとした誤解で
へそを曲げたりもするけど、
どうでもいいことで
また笑ったりもする。

誤解が生じたとき、どんなふうに対処しますか？

November

12

心に浮かぶ人が
増える日。

今年のうちに会っておきたい人をひとり挙げるなら、誰ですか？

November

13

考えを整理したいときに
訪れる秘密の場所。

心配事が多い日、
ふらりと出かけられるなら、どこに行きたいですか？

November

14

季節の風景と空の模様が
織りなす時間。

流れていく季節をつかまえておきたい日がありますか？

November

15

ぬくぬく、ゆったり過ごす
自分だけの方法。

聞いていると心がくつろぐ音がありますか？

November
16

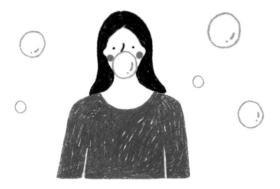

突然、考え込んで
ぼうっとしたり。

どんな種類の悩みにはまりやすいですか？

November

17

ひんやりした風に乗せて
ため込んでいた感情を手放そう。

今年のうちに処分してしまいたい感情がありますか？

November

18

同じようで異なる四季のように
私もずいぶん変化していることだろう。

今年一番最初に撮った写真と、
一番最近撮った写真は、どんなものですか？

November

19

放置していたバケットリストを
取り出してみるとき。

今年新たにチャレンジしたことのうち、
来年も続けたいものはなんですか？

November

20

快適な自分だけのお城に
こもっていてもいい日。

なにをしているときにゆとりを感じますか？

November

21

自分をいたわるもっとも簡単な方法。

「冬」といえば、なにが思い浮かびますか？

November

22

ペン先がかなでる
シャッシャッという音を
聞くのが好き。

今日を記憶しておくための文章を手で書いてみてはどうでしょう？

November

23

好きな香りで毎日を満たす。

今日はひとつだけでも
心をケアするためのことを優先してみてはどうでしょう？

November

24

ちょいちょい変わる心の天気。

今日一日をご機嫌に終えるためにはどんな心がけが必要ですか？

November

25

空虚な心に
灯りをともしてくれる人、
どこかにいないかな。

些細なことで心が大きく動いた日はありますか？

November

26

美しさは
私たちの見方次第。

自分のスペースで一番気に入っているところはどこですか？

November

27

なにも話さなくても
心地よい関係。

数年ぶりに会っても、ぎこちなさを感じない友人は誰ですか？

November

28

人生にも「Ctrl + Z」が必要。

過去に戻れるボタンがあるとしたら、いつに戻りたいですか？

November

29

過ぎたことはもとに戻せなくても
また挑戦することはできるから。

今日をリセットできるとしたら、なにをもう一度したいですか？

November

30

次のページになにが出てくるかは
誰にもわからないけど。

結果が予測できないことに挑戦するのが好きですか？

December

1

あたたかい気持ちを
伝える季節。

最近、感謝している人がいますか？
心のこもったメッセージを送ってみてはどうでしょう？

December

2

闇が早く訪れるほど
より輝くものがある。

今夜の風景を美しくしてくれたものはなんですか？

December

3

ふかふかに降り積もる音に
耳を澄まして。

雪が降る音を聞いたことがありますか？

December

4

どこに向かっているのかは
まだよくわからないけど。

深い霧の中を歩いているような気持ちになったことがありますか？
その時期をどうやって乗り越えましたか？

December

5

雪が降るのを今か今かと待つ日々。

雪の日の思い出がありますか？

（心の天気）のマーク：☀ ☁ ☂ ☔ ☁ 🌱 〜

心の天気

December

6

自分の限界を決めて
そこに
閉じこもらないこと。

今年最大の発見はなんでしたか？

December

7

諦めないでチャレンジしていれば
ズバッとはまる瞬間が来る。

今年挑戦したことのうち、未練が残るものはなんですか？

December

8

冷たい雪も
あったか〜く見える魔法の瞬間。

季節を感じさせるモノを家の中に飾ってみてはどうでしょう？

December

9

過ぎ去った時間の
そのどこかから
踏み出せない日がある。

今年もっとも記憶に残っているニュースはなんですか？

December
10

みんなそれぞれ
花を咲かせる
自分だけの
タイミングがある。

冬に咲いた花を見たことがありますか？　どんな場所でしたか？

December
11

もっと長く、遠くまで飛ぶには
息継ぎが必要なんだって。

鳥のように飛んでいけるなら、まずどこに行きたいですか？

December

12

小さなことに
しばられすぎないで。

些細なことにこだわってしまうときは
ちょっと視点を変えてみてはどうでしょう？

December

13

こんな日も、あんな日も
あるわけよ。

自分と違う誰かのせいでしんどい日には
自分を一番よく知る人に会って充電してみてはどうでしょう?

December

14

ひとりでいるときにも
誰かを思い浮かべることが
できるなら。

ひとりでしてみたいことを 3 つ挙げるなら、なんですか？

December
15

今日も平和な一日を過ごしてね。

寒さに縮こまりがちな日、
ホットコーヒーで体を引っぱり起こしてみてはどうでしょう？

December

16

キラキラの飾りを見ただけで
わけもなくワクワク。

今年もっとも気持ちよく終えたことはなんですか？

December

17

一瞬ストップしたかと思うと
いつのまにか景色は変わっていて。

この一年間、街に変化はありませんでしたか？
変わったところがあるかチェックしてみてはどうでしょう？

December

18

思い切り転んでこそ
前に進めることもある。

初雪の日に会いたい人がいますか？

December

19

目に見えなくても
その役割を果たしている
強い風のように。

昨年の今日はどんなことがありましたか？
保存してある写真を探してみてはどうでしょう？

December

20

方向さえはっきりしていれば
目的地に向かう方法はいくらでも。

誰かの助けで
思いもよらなかった解決策が見つかったことはありますか？

December

21

うまくやってるし
これからもうまくいくはず。

来年の今頃、自分はどこで、なにをしているでしょうか？

December

22

冬を集めて
心に飾って。

今年も頑張った自分にかけてあげたい言葉がありますか？

December

23

存在だけでも
特別な。

一年の最後の日をともに過ごしたい人を思い浮かべてみましょうか？

December

24

待ちこがれた日が目の前に来ると
心がそわそわ落ち着かなくなったり。

今年もっとも特別だった日はいつですか？

December

25

大切な人を想う日。

来年ぜひ行ってみたいところはどこですか？

December

26

一年間ベストを尽くした
自分のために。

最近、自分によく言う言葉はなんですか？

December

27

寒さに耐える力をくれるのは
意外と小さなもの。

寒さを乗り切るための秘蔵のアイテムがありますか？

December

28

童心に帰る日々。

雪だるまをつくったことがありますか？　誰と一緒でしたか？

December
29

ドキドキいっぱいの新しい日が
また始まるよ。

冬をワクワクさせるものはなんですか？

December

30

いつのまにか一年も終わり。
焦る気持ちで眠れない日もある。

眠れない夜はどんなふうに時間を過ごしますか？

December

31

冬が終わらないうちに
あの人と一緒に見たい風景。

今年最後の日が終わる前に
来年の願いはなにか考えてみましょうか？

［著者］
ダンシングスネイル Dancing Snail

イラストレーター、イラストエッセイ作家。大学でデザインを専攻した後、絵と心の相関関係に関心を持ち、美術心理カウンセラー課程を修了。カウンセリングセンターで美術療法士として働いた経験を活かし、現在は、毎日絵と文によるセルフヒーリングを実践している。
著書に『怠けてるのではなく、充電中です。』、『ほっといて欲しいけど、ひとりはいや。』（ともにCCCメディアハウス）、『幸せになりたいけど、頑張るのはいや。』（SBクリエイティブ）がある。『死にたいけどトッポッキは食べたい』（ペク・セヒ著、山口ミル訳、光文社）など多数の本のイラストも手がける。

［訳者］
生田美保 Ikuta Miho

1977年、栃木県生まれ。東京女子大学現代文化学部、韓国放送通信大学国語国文学科卒。 訳書に、ファン・インスク『野良猫姫』（クオン）、キム・ヘジン『中央駅』（彩流社）、イ・ミョンエ『いろのかけらのしま』（ポプラ社）、ダンシングスネイル『怠けてるのではなく、充電中です。』、『ほっといて欲しいけど、ひとりはいや。』（ともにCCCメディアハウス）、『幸せになりたいけど、頑張るのはいや。』（SBクリエイティブ）などがある。

［装丁＋デザイン］
眞柄花穂、石井志歩（Yoshi-des.）

［校正］
円水社

今日の心の天気

気持ちをやさしく整える 366 日の言葉

2023 年 6 月14日　初版発行

著者	ダンシングスネイル
訳者	生田美保
発行者	菅沼博道
発行所	株式会社CCCメディアハウス
	〒141-8205　東京都品川区上大崎 3 丁目 1 番 1 号
	電話　049-293-9553（販売）　03-5436-5735（編集）
	http://books.cccmh.co.jp
印刷・製本	株式会社新藤慶昌堂